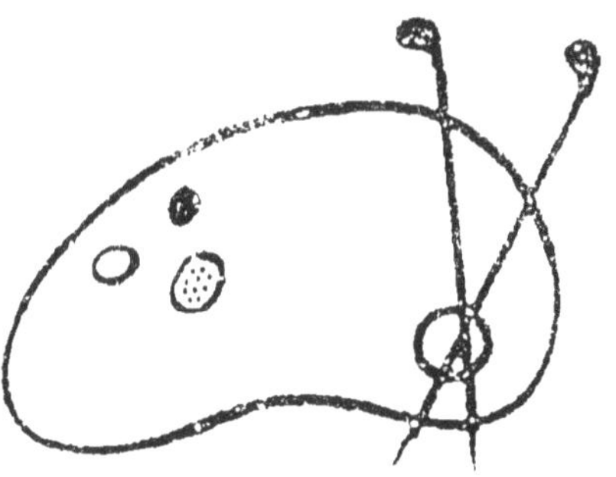

Début d'une série de documents
en couleur

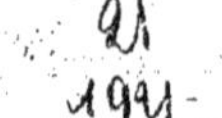

N° 45

Action Populaire

SÉRIE SOCIALE

J. D'ASSONVILLE.

Au Canada Français

Un Congrès de Voyageurs de Commerce
à Sainte-Marie de Beauce

LA BROCHURE : 0 FR. 50

ACTION POPULAIRE	MAISON BLEUE	BUREAUX des ÉTUDES
51, rue Saint-Didier	Rue des Petits-Pères	5, Place St-Franç.-Xavier
PARIS (16°)	PARIS (2°)	PARIS (7°)

Avant la guerre, l'A. P. publiait, chaque mois, les organes suivants : — une publication populaire : **Peuple de France** (mens. 16 pp.) ; — une revue trimensuelle, sous trois titres : **Revue de l'Action Populaire, Courrier des Cercles d'Etude, Vie Syndicale** (36 pp.) ; — une grande revue internationale : **Le Mouvement social** (112 pp.).

L'A. P. leur substitue, pour l'instant, une revue nouvelle :

Les DOSSIERS
de l'ACTION POPULAIRE

Organe bi-mensuel d'action sociale et religieuse

Fond et forme, méthode et esprit, les « *Dossiers* » continuent fidèlement les organes qu'ils remplacent, ils ne sont pas une revue documentaire, mais une publication *immédiatement orientée vers l'action.*

Leur originalité tient en ce que tous leurs articles, communications, chroniques, documents, plans, etc., sont livrés sur *feuilles séparées*, ce qui permet à l'abonné de disposer méthodiquement tous ces matériaux dans un « *Dossier-classeur* ».

Cette présentation nouvelle ménage à nos amis un très appréciable avantage : celui de leur mettre en main un véritable *instrument de travail,*

plus *maniable* qu'une *revue ordinaire,*

plus *actuel* et plus *vivant* qu'un *livre,*

aussi *complet* qu'une *encyclopédie.*

La collection des « *Dossiers* », c'est un *Secrétariat social à domicile.*

ABONNEMENT :

France, un an : **15 fr** Union postale, **18 fr.**

Supplément documentaire et international (16 pp. par nº) : **10 fr**. en sus.

Fiches pour classement : **3 fr**. en sus du premier abonnement (*facultatif*)

Boîte-classeur : **5 fr. 50** en sus du premier abonnement (*facultatif*).

L'abonnement-part du commencement de chaque trimestre. Adresser les commandes et valeurs à *M. l'Administrateur de l'A. P. 51, rue Saint-Didier, Paris (16ᵉ).*

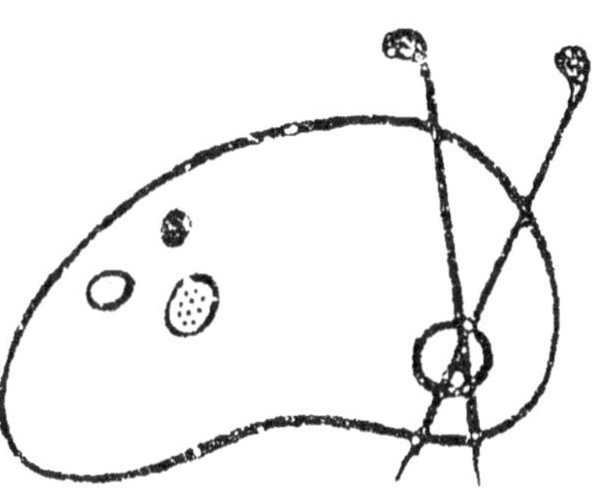

Fin d'une série de documents
en couleur

Au Canada Français

UN CONGRÈS DE VOYAGEURS DE COMMERCE
A SAINTE-MARIE DE BEAUCE

En quittant Montréal pour la région des lacs, nous nous étions bien promis de ne pas manquer ce congrès de l'A. C. V. (*Association Catholique des Voyageurs*) de commerce du Canada qui devait se tenir dans la Beauce à la fin de Juillet.

Donc, le moment venu, à travers les montagnes, que couvre encore par endroits la grande forêt, le long des rivières et le long des beaux lacs, après une demi-journée de « char », nous revenions à Montréal.

Le paquebot était à quai, qui tout à l'heure nous emmènerait jusqu'à Québec, l'un des plus beaux parmi les bateaux qui font le service du Saint-Laurent. Avec ses deux ponts surélevés, où s'alignent plus de trois cents cabines, le *Montréal* est un hôtel flottant très confortable, qui, la nuit, paré de sa triple ceinture lumineuse, passe comme une apparition féerique.

On fait queue au contrôle où déjà se rencontrent quelques compagnons de voyage.

All right — ce que les Canadiens traduisent par : *Correct* — vous êtes admis à monter. Un orchestre est à bord, dont le répertoire ne se ressent pas trop du voisinage américain ; des lampes à profusion, car le jour tombe et l'on voyage de nuit. Autour du vaste et luxueux salon Louis XV, laqué blanc et or, les cabines s'ouvrent, et d'autres encore le long de la galerie qui court là-haut d'un bout à l'autre du *Montréal*.

Au fond du salon, dominant le grand escalier, un tableau, une copie de Philippe de Champaigne, *Richelieu*, surgit d'un cadre lumineux. « Vive la France ! »

— Personne ne sait voyager comme les... voyageurs. Ils ont dans leur sac des jeux variés : dames, dominos, cartes,... et des histoires. Le Congrès promet d'être vivant. A entendre les

anecdotes, on n'a plus aucun doute, il y a quelques cadets de
Gascogne au Canada.

Mais il y a surtout nombre de vrais chrétiens. Ce n'est pas
une simple étiquette que le nom de « catholiques » dont se
réclament les membres de l'Association. Leur gracieux insigne,
croix de Malte en émail, porte au centre le « poisson » symbo-
lique, et dans l'une des branches le monogramme J M J. Leurs
actes et leurs paroles surtout témoignent de leur foi.

Au fil de l'eau et au tournoiement des aubes, le *Montréal*
défile devant les rives immenses. L'heure s'avance, les conver-
sations se prolongent, les cartes s'abattent sur les tapis verts.
Il fait nuit noire. Sur la rive droite, à près d'un mille, des
lumières s'agitent et soudain un cri retentit, deux cents voix
d'enfants : « Hip, hip, hip. hourra ! » C'est la colonie de
vacances des Grèves, que nous avons visitée, il y a quinze
jours. Les « colons » jouaient alors à la guerre. Il y avait des
tranchées où flambaient de grands feux, « pour brûler les pri-
sonniers » ; quelque jeune iroquois sans doute avait inventé ce
sinistre perfectionnement !

Au triple « hourra », le *Montréal* a répondu par un mugisse-
ment de sirène, et ce sont là-bas des cris de joie.

Nous approchons de Sorel où nous devons faire escale.

Il y a eu à Sorel, pendant la guerre, un chantier de construc-
tions navales, désert aujourd'hui. A peine y fait-on encore
quelques réparations.

On accoste. Les panneaux s'ouvrent, un ou deux automobiles
sortent ; des passagers débarquent, on décharge une partie de
la cargaison. Aux bastingages les « voyageurs » regardent.

Regarder sans rien dire, sans rien faire, devient vite fasti-
dieux. Il y a soixante personnes sur le quai, des jeunes gens
surtout, bonne occasion pour faire vibrer l'âme chantante
canadienne, et voilà, en effet, les chansons qui éclatent :
l'hymme presque religieux : « O Canada, terre de nos aïeux... »,
le chant de l'A. C. V. « Allons, allons, marchons. Pour Dieu,
pour la Patrie... » et le « Drapeau de Carillon », qui remue au
fond du cœur d'un Français de France tant de souvenirs, de
regrets et de fiertés :

> Jadis la France sur nos bords
> Jeta sa semence immortelle...

avec le refrain

> O Canadiens, rallions-nous
> Autour du vieux drapeau, symbole d'espérance,
> Ensemble crions, à genoux :
> Vive la France !

A la dérobée, quelques regards nous observent, pour lire dans nos yeux si le coup a porté, si la France se souvient, si elle remercie. Ces regards n'ont pas dû être déçus.

Déjà on file l'amarre, adieu Sorel. Il est très tard ; quelques joueurs obstinés retournent à leurs cartes, les sages vont dormir.

Le lendemain, au petit jour, on se retrouvait sur le promenoir supérieur. Personne ne voulait manquer le passage sous le grand pont de Québec, dont le tablier s'élève à cent cinquante pieds au-dessus de la plus haute marée et dont les deux piles latérales mesurent trois cents pieds de haut.

Une fois de plus, nous entendîmes raconter l'histoire de la double catastrophe qui faillit compromettre l'achèvement de cette « merveille » de fer ; une fois de plus, nous admirâmes cette œuvre gigantesque, à laquelle a collaboré le génie français.

Nous longeons la falaise qui porte les plaines historiques d'Abraham, la citadelle où flotte le pavillon anglais. Ici on vire de bord pour contourner l'éperon de Québec et pour accoster.

A Québec, nous devions quitter les voyageurs pour quelques heures, et les laisser partir pour Lévis, sur la rive droite, et de là, par les « chars », pour Sainte-Marie de Beauce où se tenaient, pendant deux jours, les assises de leur congrès, le troisième « ralliement » de leur Association.

*
* *

L'Association Catholique des Voyageurs a été fondée, il y a six ans, par quelques voyageurs de commerce, au sortir d'une retraite fermée que dirigeait le P. Lalande, jésuite. Un autre jésuite, le P. Arcand, fit le travail de l'organisation. Son aumônier général actuel est le R. P. Lebel. Elle compte plus de six cents membres répartis en huit groupes : Montréal, la Beauce, Saint-Hyacinthe, Québec, Hull, Ottawa, Trois-Rivières, Sherbrooke.

A l'exception du groupe d'Ottawa (Ontario), tous relèvent de la Province de Québec. Hull cependant est moralement dépendante de la Capitale dont elle n'est séparée que par la rivière Ottawa.

Tous les aumôniers assistaient au « ralliement », et deux cents de leurs voyageurs étaient au rendez-vous, quand nous les rejoignîmes dans l'après-midi.

Les séances de travail se tenaient à la sacristie, qui, dans les églises canadiennes de village, est à la fois chapelle de congrégation et salle de catéchisme. Les banquets devaient avoir lieu au collège des Frères, où des dortoirs avaient été aussi aménagés.

Sainte-Marie de Beauce, gros bourg de deux mille âmes, possède, en effet, comme tous les villages voisins, son collège-pensionnat de garçons, et son pensionnat de filles, comptant l'un et l'autre environ deux cents élèves.

Une messe et de nombreuses communions avaient inauguré, dans la chapelle de Sainte-Anne, la première « journée sociale » du congrès. La séance d'études était ouverte et l'on traitait de la formation du voyageur de commerce.

La monographie de la profession rappelle des âges héroïques où le voyageur était une manière de pionnier, un « rouleux » toujours en lutte avec l'espace immense. L'automobile et les chemins de fer lui sont actuellement de précieux alliés.

Si l'on songe qu'il y a trente-six mille voyageurs dans le Dominion, dont cinq mille dans le Canada français; on conçoit l'intérêt que présente l'organisation de la profession. Des associations existent, sous la forme de mutualités spécialement. La question de l'apprentissage ou de la formation technique est posée, et les voyageurs canadiens français aspirent à élever le métier au rang d'une profession libérale.

En dépit, ou peut-être à cause de cette légitime ambition, ils se montrent très défiants de la formule syndicale. Ils s'imaginent à tort, ignorant l'existence de syndicats d'intellectuels et de techniciens, que ce serait déchoir que de s'assimiler aux travailleurs manuels formés en « unions ». Il leur reste peut-être à bien comprendre la mission que peut remplir leur élite, auprès des syndicats groupés en fédération nationale, et quel rôle serait naturellement dévolu à un groupement aussi excellent que le leur.

Les rapports et les échanges de vues sur les relations avec les patrons, avec les clients, entre camarades, complétaient le programme de cette séance.

Le spectacle était réconfortant de voir se réaliser si simplement l'adaptation des principes chrétiens de justice et de charité aux devoirs du professionnel.

N'est-ce pas assez neuf d'entendre un voyageur de commerce parler de la « confiance envers le patron », comme le fait le rapporteur du cercle de Québec ?

N'ayez pas peur de votre patron. C'est Dieu qui permet qu'il soit votre patron, mais il n'est pas Dieu, et la crainte que vous aurez ne peut que nuire à vos relations avec lui.

Et ce passage du rapport présenté par Saint-Hyacinthe au sujet des relations avec le client :

Comme dans les relations avec le patron, la loyauté doit être la qualité dominante du voyageur catholique. Que toutes vos transactions soient toujours basées sur votre conscience.

Il y a plus cependant pour le catholique que le devoir de conscience, il y a le devoir d'apostolat et d'enseignement.

Le voyageur doit être l'éducateur de son acheteur et il faut qu'après son départ, l'acheteur puisse dire : J'ai fait un bon achat et j'ai rencontré un voyageur qui m'a beaucoup enseigné.

Et pour arriver à cela, il faut que vous agissiez de manière à obtenir la confiance de vos clients et surtout à toujours la conserver.

Entre camarades, l'union régnera à condition que l'égoïsme disparaisse. Et le rapporteur du groupe des Trois-Rivières, après avoir recommandé l'aide mutuelle, en vient à des applications très pratiques : modestie personnelle, modestie de la firme, condamnation du « bluff »...

Pour que l'union fraternelle dure, l'égoïsme doit disparaître.

La vantardise et l'exagération sont aussi des défauts qui doivent être évités et combattus. La concurrence ne doit jamais excéder les limites de la justice et de la charité.

Restons unis partout et toujours : que nos sentiments et nos cœurs soient unis en Dieu et par Dieu.

Cette première journée de travail avait nettement accusé le caractère religieux des inspirations propres à l'A. C. V.

Au cours d'une seconde séance, les directives devaient encore se préciser et se résoudre en solutions apostoliques. Sous ce titre : *Action sociale*, il allait être directement question de sanctification personnelle et d'apostolat religieux et national.

Un fait ajoute à l'intérèt d'un tel programme, discuté par des voyageurs de commerce, c'est que plusieurs sont des convertis. Tel et tel reviennent de loin, et c'est avec une ardeur de néophytes qu'ils se donnent à l'action.

Le recrutement de cette élite s'est fait par le moyen de la *retraite fermée*. Plusieurs n'y sont venus qu'à leur corps défendant, mais la retraite les a pris et les a transformés.

C'est un point essentiel des statuts de tous les groupes, que chaque membre doit faire sa retraite dans les six mois qui suivent son admission dans l'A. C. V.

Il y a des sacrifices héroïques qui ont été consentis dans la solitude de Manrèse ou de la Villa Saint-Martin : des intempérants se sont mis résolument au régime du soda... sans whisky, des blasphémateurs se sont définitivement amendés.

Bien plus, ces hommes se sont résolus à combattre partout le blasphème. Une image du Sacré Cœur portant cette demande : « Ne me blasphème pas » est répandue par leurs soins, épinglée dans les magasins et dans les chambres d'hôtel. Les voyageurs ne manquent pas de s'assurer, à l'occasion, que l'emblème est toujours en place.

Ayant goûté des fruits de la retraite, ils s'en font les recruteurs près des confrères et des clients. Tout récemment, à Montréal, un voyageur recruta, à lui seul, une retraite d'employés de tramways.

Quand, vers la fin du congrès, un prêtre vint demander l'aide des voyageurs pour faciliter l'accès de la retraite fermée aux ouvriers d'usine, sa motion fut couverte d'applaudissements, et un vœu fut immédiatement formulé tendant à faire participer pécunièrement les groupes de l'A. C. V. à l'organisation de ces retraites.

Lutte contre le blasphème et l'alcool, campagnes de recrutement pour les retraites fermées et pour la bonne presse, voilà les principaux articles du programme d'apostolat. Il faut mentionner encore, avec un des rapporteurs, l'apologétique usuelle, « défense de la vérité attaquée, charité fraternelle auprès des malheureux éloignés de l'Église ».

Le voyageur de commerce de l'A. C. V. est debout, prêt au bon combat contre le « commis-voyageur » vieux-style, tristement célèbre pour ses facéties lourdes ou son anticléricalisme épais.

Pas n'est besoin d'avoir séjourné de longs mois au Canada français pour connaître la question de race posée depuis 1760, et pour savoir la portée des revendications en faveur de la langue.

Pour un Canadien français, la vieille langue maternelle reste la sauvegarde de la race et de la religion, le signe d'une culture qu'il persiste, en dépit qu'on en ait, à estimer au moins égale — et c'est trop peu dire — à la culture anglo-saxonne.

Quand les membres de l'A. C. V. parlent de revendications nationales, c'est donc tout le legs de la vieille France qu'ils entendent sauvegarder, et la question de la langue est une de celles où l'on ne transige pas. Paresse d'esprit ou dédain, les Anglais négligent d'apprendre le français ; les Canadiens bilingues font montre d'une courtoisie qui ne doit pourtant pas porter préjudice au clair parler des aïeux.

L'action nationale est le complément de l'action religieuse et personnelle.

L'action nationale trouve son application dans la question d'esprit de parti, la langue française et la diffusion du livre canadien français.

Il est un travail d'épuration qui s'impose. Le peuple émaille sa conversation d'anglicismes ; le voyageur de commerce s'efforcera de réagir, et la « vieille mère France » devrait l'aider en lui fournissant surtout le vocabulaire technique, car c'est la fissure par où pénètrent les infiltrations étrangères.

Pas de faiblesse ou de lâche complaisance. Ce ne doit pas être un vain mot pour les administrations publiques, que « l'égalité des langues ». Le président, M. Bernier, un Canadien qui prêche d'exemple, car élevé aux États, il parle le français avec une parfaite correction, disait : « Le pire ennemi de la race canadienne, c'est le Canadien qui s'efforce de toujours parler anglais : c'est le lâcheur. »

*
**

Étude et prière ; après la part de l'esprit et de l'âme, la plus essentielle, le corps, compagnon de l'âme, allait avoir la sienne, ou plutôt la fête de l'esprit et du cœur allait se poursuivre dans d'amicales agapes.

Deux banquets, sans compter de larges « collations » — des « lunchs » aurait dit un Anglais. — étaient annoncés. Le Canadien français allait se révéler plus complètement à nous.

Dans la grande salle des fêtes du collège, fleurie et décorée de panoplies où « le tricolore » nous paraît dominer, les tables sont dressées. Des pupitres d'orchestre forment un demi-cercle autour du piano. On prend place.

Rien de plus joyeux que ce festin sans éclats, sans cris, avec plus de sourires que de rires sonores.

L'étranger se sent en famille. le Français de passage se croit en France ; les noms qu'on lui cite, les traits des visages où il note des ressemblances frappantes, tout est fait pour le confirmer dans son illusion. Parmi les Frères des Écoles chrétiennes. nos hôtes, plusieurs sont Français, l'un même est Alsacien, de la vallée de Massevaux ; ils ont appuyé sur la note française dans la décoration de la salle et tous leur en ont su gré.

Il n'y a pas jusqu'au maître-coq, un ancien sapeur du génie à l'armée Gouraud, un « gazé » du front de Champagne, qui n'apporte les arguments de son talent culinaire en faveur de la mère patrie. Seul manquait le vin de France... ; on expie, au Canada, comme aux États, par une prohibition un peu excessive, les abus du gin et du whisky qui empoisonnent, et l'on renonce au bon vin qui « réjouit le cœur de l'homme ».

Les « toasts »... pardon ! les « santés » allaient être portées... à la limonade gazeuse. Quand les « santés » doivent se multiplier, la limonade a du moins l'avantage de n'être point trop capiteuse.

Les crèmes à la glace, gourmandise très nationale au Canada, ont fondu comme frimas au soleil ; le « menu » est

exécuté. Déjà l'orchestre est entré dans la salle, violons et bois
ont préludé. C'est l'heure des discours. La liste en est inscrite
au programme : *Santés : le Pape, le Roi, le Clergé, la Race
Canadienne française;* par délicatesse pour le représentant de
l'Action Populaire, on insérera ici : la *France;* la *Presse catholique, l'Association des Voyageurs de Commerce.*

Le rite des « santés » est fixé par la tradition. Le président
la formule, les assistants debout; si la « santé » le comporte,
un chant s'élève, suivi du triple hourrah ! commandé par le
président. Puis un personnage qualifié répond ou remercie, et
c'est parfois tout un discours, tel celui de M. Guy Vanier,
président général de l'A. C. J. C., sur la race canadienne-française. Quand l'orateur s'est assis, l'assistance se lève à son tour
et lui exprime sa satisfaction par un traditionnel et joyeux
refrain :

> Il a gagné ses épaulettes
> Maluron, malurette.

Sous toutes les formes, l'action religieuse et l'action nationale canadienne française, furent exaltées dans ces toasts :
même des résolutions pratiques s'y formulèrent encore.
M. le Curé de Saint-Joseph de Beauce demanda le concours
bénévole des voyageurs pour les trois grands journaux catholiques et français, *le Devoir* de Montréal, *l'Action catholique* de
Québec, *le Droit* d'Ottawa. Il fut acclamé et on l'assura que,
tout curé qu'il était, il avait « gagné ses épaulettes ».

Personne n'avait été désigné pour développer la « santé » du
Roi. Quand le président l'eut annoncée et qu'on eut poussé le
triple hourrah ! l'orchestre préluda : *God save the king,* et l'assistance entonna le chant national anglais. Nous prêtons l'oreille,
on chantait :

> Nous vous invoquons tous,
> Intercédez pour nous,
> Mère de Dieu...

Un voisin charitable, après avoir un peu joui de notre sur-
prise, nous explique que l'usage, au Canada français, est de
chanter ainsi, en guise d'hymne national, un cantique sur l'air
du *God save.* Les impérialistes s'étonnent, ou s'indignent; on
laisse dire, et l'on recommence.

Le moment était venu de porter la « santé » de la France. Un jeune avocat très distingué, M. Ed. Fortin, en était chargé. Il avait préparé son discours, désireux, comme il nous l'écrivait plus tard, « de nous charger pour la France d'un message d'amour. » Dès ses premiers mots, quand on eut compris qu'il s'agissait d'*Elle*, la salle était debout et, sans attendre le prélude des violons pris au dépourvu, *la Marseillaise* éclatait comme un tonnerre.

Il nous souvint d'un pareil chant, à Strasbourg, avec les Alsaciens. Nous le dîmes, et ce rapprochement fit partir les bravos...

La fumée des cigares. — à raison de deux ou trois par convive, plus de cinq cents avaient été « grillés », — tamisait la lumière des ampoules électriques et sortait en tourbillons par les fenêtres ouvertes.

Vaillamment, et jusqu'au bout joyeusement, on avait rempli le programme.

La fête continuait le lendemain. Après une grand'messe exceptionnellement solennelle, on se rendit de nouveau, par des rues gracieusement décorées de banderoles, d'arcs de triomphe et de drapeaux, à la salle du banquet.

Ce devait être la journée des cercles. A la « santé » qui lui serait portée, chacun répondrait par un exposé de sa situation actuelle et de ses œuvres.

Le combat pour l'idéal national amène tel ou tel orateur à conter des anecdotes. Un membre du congrès montra, par exemple, de quelle façon pratique peut s'exercer l'entr'aide des compatriotes.

Obligé par sa profession de se lever de très bon matin, notre voyageur avait imaginé de se faire réveiller par un coup de timbre lancé par une demoiselle du téléphone. (Nous sommes au Canada, ne l'oublions pas, les demoiselles du téléphone y sont très obligeantes.)

Un jour, notre héros, qui a cinquante ans bien sonnés, rencontre la jeune fille qui, par ordre, troublait chaque matin son sommeil : « Voici, lui dit-elle, l'aventure qui m'arrive. La première de notre service allait nous quitter; venant après elle, j'espérais monter en grade; hélas, c'est la troisième, une Irlandaise, qui me supplante. J'ai réclamé et l'on m'a dit :

« Mademoiselle, vous le savez, les appels se font le plus souvent
« en anglais ; la première place doit donc revenir à une
« Anglaise. »

Trouvant injuste le procédé et désireux de prouver sa grati-
tude, le voyageur se mit en campagne. Il vit ses amis, ses
clients, tous canadiens convaincus, mais indolents; il leur
reprocha leur apathie.

Quelques mois plus tard, il revoyait sa jeune compatriote,
elle était radieuse : « Je viens de passer première. Les abonnés
se sont convertis, et tous parlent français. »

La morale de l'histoire était facile à tirer ; on applaudit, et
l'on chanta :

Il a gagné ses épaulettes...

Après les vêpres solennelles, qui avaient suivi la seconde
séance de travail, une dernière collation réunit les voyageurs
au pensionnat. Les discours, des improvisations cette fois,
reprirent de plus belle.

Et le congrès était fini. A la gare, ceux qui partaient et ceux
qui demeuraient s'assemblèrent encore et l'on chanta, l'on
chanta jusqu'au bout toutes les vieilles chansons du commun
répertoire.

Enfin l'heure allait sonner, le train était annoncé, le soliste
entonna :

Jadis la France sur nos bords...

Religieusement, la foule reprit le refrain :

O Canadiens, ralliez-vous
Autour du vieux drapeau, symbole d'espérance,
Ensemble crions à genoux :
Vive la France !

Vite, les derniers adieux s'échangèrent; sur la machine du
train, la cloche sonnait comme un couvre-feu. Le train
s'ébranla, des chapeaux s'agitèrent aux portières, et bientôt ce
ne fut plus qu'une fumée à l'horizon, puis plus rien.

Alors une auto nous emporta à notre tour, et tandis que nous
remontions la vallée de la Chaudière, qui est l'axe de la riche
province de la Beauce, la province au beau nom français, au
milieu de ces hôtes si vite devenus des amis, et au rappel des
souvenirs accumulés en ces deux jours, nous songions à quel
point le Canada peut revendiquer son nom : la Nouvelle France.

Association Catholique des Voyageurs de Commerce
DU CANADA
1083 est, rue Rachel, MONTRÉAL (Canada)

HISTORIQUE

L'Association Catholique des Voyageurs de Commerce
du Canada se compose de cercles de voyageurs de commerce,
catholiques et canadiens-français.

Ses débuts furent modestes. Au mois d'août 1914, dans une
retraite fermée à la Villa Saint-Martin, quelques voyageurs de
commerce, mus par une même pensée de foi et un même désir
d'apostolat, formèrent le dessein de se réunir souvent pour se
consulter, s'encourager dans leurs bonnes résolutions de vie
chrétienne et faire quelque bien autour d'eux. Le 20 septembre,
ils jetèrent les bases d'un cercle, qu'ils nommèrent le Cercle
Catholique des Voyageurs de Commerce de Montréal ; ils élabo-
rèrent des constitutions, firent une déclaration de principes :
la soumission aux directions du Saint-Siège et de ses représen-
tants autorisés ; déterminèrent leur but et leurs principaux
moyens d'action : l'apostolat religieux et social par le bon
exemple, la propagande des retraites fermées et celle des bons
livres.

Dieu a béni leur initiative. La petite semence de la retraite
fermée de 1914 devint un arbre qui poussa bientôt de vigou-
reuses branches. A la fin de l'année 1917, le Cercle de Montréal
comptait quatre-vingt-dix membres ; le 26 août de la même
année, il fondait un autre cercle à Sainte-Marie de Beauce et,
le 28 octobre, un troisième à Saint-Hyacinthe. C'est de l'affiliation de ces cercles à celui de Montréal qu'est née l'Association Catholique des Voyageurs de Commerce. Québec avait
suivi...

En 1918 ont surgi 4 nouveaux cercles : Ottawa, Hull, les
Trois-Rivières et Sherbrooke, qui portent l'effectif total à plus
de 600 membres.

EXTRAIT DES STATUTS GÉNÉRAUX

Nature et But. — L'A. C. V. est un groupement de voyageurs de commerce catholiques et canadiens-français, désireux de s'appliquer à la défense des intérêts de la Religion et de la Patrie. Son *but* est d'organiser les forces éparses dans leur profession et de les orienter vers l'apostolat religieux et social.

Principes. — Ses *principes* sont la soumission à l'autorité de l'Église et l'attachement aux directions du Saint-Siège.

Moyens d'action. — Ses *moyens d'action* sont les principales formes d'apostolat religieux et social : des assemblées régulières où les membres s'éclairent, se consultent et s'aident mutuellement; le bon exemple dans leur famille et sur la route; la propagande des retraites fermées d'hommes et de jeunes gens; la propagande de la bonne littérature, et d'autres bonnes œuvres conformes à son but.

Devise. — Sa *devise* est *ictus*, « le poisson », symbole de N.-S.-J.-C. aux catacombes.

Membres. — Pour être *membre* de l'A. C. V., il faut : 1° être du sexe masculin; 2° être catholique pratiquant; 3° être Canadien de langue française ou reconnu comme tel; 4° avoir une bonne conduite, jouir d'une bonne réputation et pratiquer la sobriété; 5° être voyageur de commerce depuis six mois; 6° prendre connaissance des statuts généraux, y adhérer et signer le bulletin d'adhésion; 7° être recommandé par l'aumônier et deux membres d'un cercle de l'A. C. V., qui devront signer le bulletin d'adhésion; 8° être admis par les deux tiers du conseil d'un des cercles de l'A. C. V.; 9° payer sa contribution annuelle; 10° faire une retraite fermée dans les six mois qui suivent l'admission; 11° être porteur d'une carte de membre.

Cercles. — L'A. C. V. se compose de cercles de voyageurs de commerce catholiques et canadiens-français, recrutés dans tout le Canada.

Le *Cercle* se gouverne par ses propres règlements et possède une autonomie parfaite pour tout ce qui n'est pas opposé à l'esprit et au but de l'Association.

Affiliation. — Le Cercle demande au Comité général son

affiliation à l'A. C. V. deux mois après sa fondation, quand il compte au moins dix membres.

Chaque cercle doit avoir un *aumônier-directeur*. Les cercles, autant que possible, n'élisent à leur fondation que des *officiers* qui ont déjà fait une retraite fermée. Dans la suite, ils n'éliront que des officiers qui font *annuellement* leur retraite fermée.

Les règlements du cercle doivent établir un lien de piété entre ses membres.

Chaque cercle organise des assemblées au moins mensuelles. Ses travaux doivent être conformes au programme de l'A. C. V.

Le cercle nomme un secrétaire-correspondant chargé de le tenir en relations suivies avec le Comité général.

A la fin de chaque année, le cercle envoie au Comité général la statistique de ses membres et un rapport général de ses réunions et des travaux accomplis durant l'année.

Cotisation. — Chaque année le cercle envoie au Comité général la somme d'un dollar par membre, afin de défrayer les dépenses d'administration du Comité.

Conseil Fédéral. — L'A. C. V. est dirigé par un *Conseil Fédéral* qui se compose des délégués des cercles (un ou deux par cercle) et des membres du Comité général.

Le Conseil fédéral se réunit une fois l'an ; il pourvoit aux intérêts généraux de l'A. C. V, ; il vote les amendements aux statuts généraux et, tous les deux ans, il procède à l'élection des membres du Comité général.

Comité Général. — Le *Comité général* représente l'A. C. V. et tient son mandat du Conseil-fédéral, dont il exécute les ordres et à qui il doit rendre compte de son administration.

L'aumônier-directeur est le représentant officiel de l'autorité de l'Église dans l'A. C. V. Il dirige par ses avis le Comité général et le Conseil fédéral ; il est l'arbitre obligé dans toutes les questions qui touchent à la religion et à la morale.

Tous les autres membres du Comité général sont élus par le Conseil fédéral pour une période de *deux* ans.

Le Comité général se réunit chaque quinzaine ; il envoie un de ses membres visiter les cercles, au moins une fois l'année.

Journées sociales. — Tous les ans, doivent se tenir des *journées sociales*, dans une localité où existe un cercle. Tout

cercle doit se faire un honneur d'en organiser. Sont invités
à participer à ces journées sociales et peuvent y être admis :
1) tous les membres de l'A. C. V. du Canada ; 2) les Canadiens-
français et les Acadiens, religieux ou laïques, qui auront
témoigné de la sympathie pour l'œuvre que poursuit l'Association.

Autres dispositions. — L'année de l'A. C. V. commence le
premier de septembre.

L'A. C. V. donne titre de *membres d'honneur* à des hommes
éminents par leur foi et leur patriotisme, dont le patronage
lui est un appui moral.

Tout membre de l'A. C. V. peut être suspendu ou exclu : s'il
refuse d'observer les statuts généraux de l'A. C. V. ; s'il forfait
à l'honneur ou s'il compromet la dignité et les intérêts de
l'Association.

Piété. — Les membres de l'A. C. V. s'engagent sur leur
honneur à la fidélité à leurs devoirs religieux. Ils s'efforcent de
faire la sainte communion au moins une fois par mois. Ils
prient chaque jour les uns pour les autres et se témoignent une
franche et chrétienne camaraderie. Tous les ans, autant que
possible, ils font une *retraite fermée*, de préférence aux dates
fixées par chaque cercle.

Fête patronale. — La fête patronale de l'A. C. V. est celle
de la Sainte Famille. Tous les membres sont invités à faire la
sainte communion ce jour-là (19 janvier) ou le dimanche sui-
vant, pour le progrès de l'Association et les intentions de ses
membres.

Le Comité général fait chanter tous les ans une grand'messe
pour le repos des âmes des membres défunts de l'Association.

Étude. — Les membres de l'A. C. V. étudient ensemble dans
leurs cercles respectifs les questions religieuses, nationales,
sociales et commerciales qui sont les plus immédiatement
utiles à leur milieu et à leur profession. Outre la question
sociale, le programme d'études devra aussi comporter celles de
la colonisation et de la presse catholique et, autant que
possible, sera le même pour tous les cercles.

Action. — Outre l'action individuelle dont ils font profession, les membres de l'A. C. V. se font une obligation d'entre-

prendre, sous la direction de l'aumônier de leur cercle, de l'action collective pour les intérêts religieux, sociaux et nationaux de leur pays.

Formule d'adhésion à l'Association Catholique des Voyagèurs de Commerce du Canada

Cercle d . . . .

Après avoir pris connaissance des statuts généraux de *l'Association Catholique des Voyageurs de Commerce du Canada*, et des constitutions du Cercle d . . . . , après m'être instruit du but qu'ils poursuivent et des principes qui les inspirent, je, soussigné, demande à être inscrit au nombre des membres de la dite Association et du dit Cercle. Je déclare être catholique et Canadien français. Je déclare être voyageur de commerce depuis au moins six mois, vouloir me conformer aux statuts de la dite Association et aux conditions du dit Cercle et travailler, par les moyens qu'ils proposent, à la réalisation de leur œuvre.

Je m'engage en particulier à toujours mettre les intérêts de la foi catholique et de la race canadienne-française au-dessus des intérêts d'un parti politique quelconque.

Signé . . . .

Adresse : . . . .

Maison représentée : . . . *Téléphone :* . . . . . .

. . . *Téléphone :* . . . . . .

Genre de commerce : . . . .

VERNEUIL-SUR-AVRE (EURE). — IMP. HENRI TURGIS.

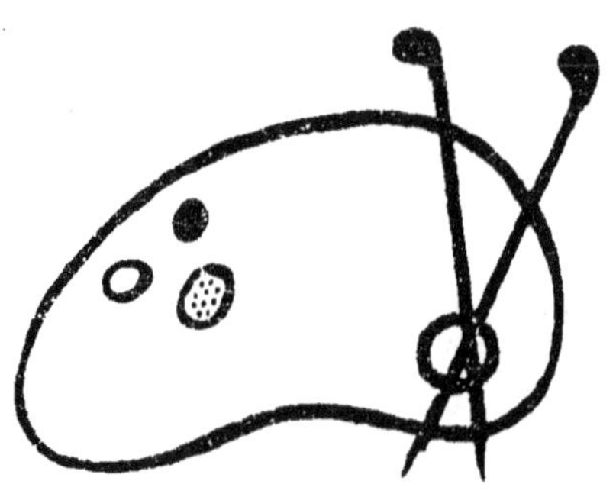

BROCHURES JAUNES de l' « Action Populaire »

Prix établis à raison de 0 fr. 50 les 16 pages :

Jusqu'à 16 pages, l'unité 0 fr. 50 ; — de 16 à 32 pages, 1 fr. ; de 32 à 48 pages, 1 fr. 50 ; au-dessus de 48 pages, 2 fr., franco.